ANDRZEJ MOSZCZYŃSKI jest autorem 23 książek, 34 wykładów oraz 3 kursów. Pasjonuje go zdobywanie wiedzy z obszaru psychologii osobowości i psychologii pozytywnej.

Ponad 700 razy wystąpił jako prelegent podczas seminariów, konferencji czy kongresów mających charakter społeczny i charytatywny.

Regularnie się dokształca i korzysta ze szkoleń takich organizacji edukacyjnych jak: Harvard Business Review, Ernst & Young, Gallup Institute, PwC.

Jego zainteresowania obejmują następujące tematy: potencjał człowieka, poczucie własnej wartości, szczęście, kluczowe cechy osobowości, w tym między innymi odwaga, wytrwałość, wnikliwość, entuzjazm, wiara w siebie, realizm. Obszar jego zainteresowań stanowią również umiejętności wspierające bycie zadowolonym człowiekiem, między innymi: uczenie się, wyznaczanie celów, planowanie, asertywność, podejmowanie decyzji, inicjatywa, priorytety. Zajmuje się też czynnikami wpływającymi na dobre relacje między ludźmi (należą do nich np. miłość, motywacja, pozytywna postawa, wewnętrzny spokój, zaufanie, mądrość).

Od ponad 30 lat jest przedsiębiorcą. W latach dziewięćdziesiątych był przez dziesięć lat prezesem spółki działającej w branży reklamowej i obejmującej zasięgiem cały kraj. Od 2005 r. do 2015 r. był prezesem spółki inwestycyjnej, która komercjalizowała biurowce, hotele, osiedla mieszkaniowe, galerie handlowe.

W latach 2009-2018 był akcjonariuszem strategicznym oraz przewodniczącym rady nadzorczej fabryki urządzeń okrętowych Expom SA. W 2014 r. utworzył w USA spółkę wydawniczą. Od 2019 r. skupia się przede wszystkim na jej rozwoju.

Inaczej o dobrym i mądrym życiu to książka o umiejętności stosowania strategii osiągania wartościowych celów. Autor opisuje 22 aspekty, które prowadzą do bycia mądrym. W jakim znaczeniu mądrym?

Mądry człowiek jest skupiony na działaniu ukierunkowanym na podnoszenie jakości życia, zarówno swojego, jak i innych. O tym jest ta książka: o byciu szczęśliwym, o poznaniu siebie, by zajmować się tym, w czym mamy największy potencjał, o rozwinięciu poczucia własnej wartości, które jest podstawowym czynnikiem utrzymywania dobrych relacji z samym sobą i innymi ludźmi, o byciu odważnym, wytrwałym, wnikliwym, entuzjastycznym, posiadającym optymalną wiarę w siebie, a także o byciu realistą.

Mądrość to umiejętność czynienia tego, co szlachetne. Z takiego podejścia rodzą się następujące czyny: nie osądzamy, jesteśmy tolerancyjni, życzliwi, pokorni, skromni, umiejący przebaczać. Mądry człowiek to osoba asertywna, wyznaczająca sobie pozytywne cele, ustalająca priorytety, planująca swoje działania, podejmująca decyzje i przyjmująca za nie odpowiedzialność. Mądrość to też zaufanie do siebie i innych, bycie zmotywowanym i posiadającym jasne wartości nadrzędne (do których najczęściej należą: miłość, szczęście, dobro, prawda, wolność).

Autor książki opisuje proces budowania mentalności bycia mądrym. Wszechobecna indoktrynacja jest przeszkodą na tej drodze. Jeśli jakaś grupa nie uczy tolerancji, przekazuje fałszywy obraz bycia zadowolonym człowiekiem, to czy można mówić o uczeniu się mądrości? Zdaniem autora potrzebujemy mądrości niemal jak powietrza czy czystej wody. W tej książce będziesz wielokrotnie zachęcany do bycia mądrym, co w rezultacie prowadzi też do bycia szczęśliwym i spełnionym.

Szczegóły dostępne na stronie:
www.andrewmoszczynski.com

Andrzej Moszczyński

Inaczej o planowaniu

2021

© Andrzej Moszczyński, 2021

Korekta oraz skład i łamanie:
Wydawnictwo Online
www.wydawnictwo-online.pl

Projekt okładki:
Mateusz Rossowiecki

Wydanie I

ISBN 978-83-65873-49-1

Wydawca:

ANDREW MOSZCZYNSKI
I N S T I T U T E

Andrew Moszczynski Institute LLC
1521 Concord Pike STE 303
Wilmington, DE 19803, USA
www.andrewmoszczynski.com

Licencja na Polskę:
Andrew Moszczynski Group sp. z o.o.
ul. Grunwaldzka 472
80-309 Gdańsk
www.andrewmoszczynskigroup.com

Licencję wyłączną na Polskę ma Andrew Moszczynski Group sp. z o.o. Objęta jest nią cała działalność wydawnicza i szkoleniowa Andrew Moszczynski Institute. Bez pisemnego zezwolenia Andrew Moszczynski Group sp. z o.o. zabrania się kopiowania i rozpowszechniania w jakiejkolwiek formie tekstów, elementów graficznych, materiałów szkoleniowych oraz autorskich pomysłów sygnowanych znakiem firmowym Andrew Moszczynski Group.

*Ukochanej Żonie
Marioli*

SPIS TREŚCI

Wstęp	9
Rozdział 1. Współczesny wzorzec	13
Rozdział 2. Istota planowania	17
Rozdział 3. Perspektywy czasowe planowania	21
Rozdział 4. Etapy procesu planowania	25
Rozdział 5. Planowanie scenariuszowe	29
Rozdział 6. Skuteczne zarządzanie czasem	31
A. Kwadrat Eisenhowera	33
B. Cztery Generacje Zarządzania Czasem	35
C. Zasada Pareto	38
Co możesz zapamiętać? ☺	43
Bibliografia	45

O autorze 61

Opinie o książce 67

Dodatek. Cytaty, które pomagały
  autorowi napisać tę książkę 71

Wstęp

Myślenie strategiczne, wbrew powszechnej opinii, nie musi odnosić się jedynie do biznesu, wojny czy polityki – bardzo przydaje się także w sferze osobistej. Dla mnie pojęcie to oznacza kierowanie się w codziennym życiu planem uwzględniającym różne scenariusze rozwoju sytuacji. Posługiwanie się strategią to układanie i stosowanie przemyślanych planów działania, opartych na odpowiedziach na pytania: co? jak? dlaczego? z kim? Czyż nie jest tak, że czasami poddajemy się nurtowi życia i nie zastanawiamy się, jakie cele możemy osiągnąć? Jednak rzeczywistość wymusza na nas planowanie. Ludzie nieposiadający tej umiejętności zazwyczaj prowadzą życie, nad którym nie posiadają kontroli.

Z czasem dochodzą więc do wniosku, że nie ma sensu planować, ponieważ życie i tak wszystko zweryfikuje. Oczywiście, że nie da się przewidzieć wszystkiego. Z drugiej strony, nie planując niczego, stajemy się jak liść unoszony wiatrem. W efekcie możemy się pewnego dnia obudzić nieszczęśliwi, w znienawidzonej pracy, obok żony i dzieci, z którymi nie mamy żadnego kontaktu. Wtedy uświadomimy sobie, że zmarnowaliśmy swój czas i nie osiągnęliśmy niczego, na czym by nam zależało. Powodem takich sytuacji może być brak strategicznego podejścia do życia i brak nawyku kierowania się planem.

Takie dziedziny, jak praca, kariera zawodowa, samorozwój, rodzina, zdrowie, bezwzględnie wymagają planowania. Powinniśmy się nad nimi zastanawiać i określać, jakie cele chcemy osiągnąć i dlaczego, jak tego dokonać oraz z kim chcemy się zaangażować w dane przedsięwzięcie.

W ten sposób unikamy chaotycznych, prowadzących donikąd działań, które wypalają naszą energię. Planowanie pozwala skupić się na tym, co zbliża nas do celu. Ideałem jest posiadanie kilku alternatywnych sposobów jego osiągnięcia. Ponadto udzielenie sobie odpowiedzi na pytanie, dlaczego chcę coś osiągnąć, jest podstawą do obudzenia w sobie silnej wewnętrznej motywacji, by nie poddawać się mimo napotykanych przeciwności. Czasem zdarza się, że do osiągnięcia celu potrzebna jest współpraca z kimś. Na przykład wielu zdolnych muzyków nie potrafi pokierować swoją karierą od strony biznesowej, dlatego pracują z menedżerami, którzy robią to w ich imieniu. Podobnie jest w innych dziedzinach.

Jeśli nie posiadamy wszystkich atutów niezbędnych do realizacji planu, połączmy wysiłki z kimś, kto uzupełni nasze słabości i pomoże nam.

Warto też przyjrzeć się postępowaniu ludzi, którzy są mistrzami strategicznego planowania i czerpać inspirację z ich sukcesów.

Rozdział 1

Współczesny wzorzec

Współcześnie nie brakuje ludzi, którzy strategicznie kierują swoim życiem. Urodzony w 1985 roku polski pianista **Rafał Blechacz** grę na fortepianie rozpoczął w wieku pięciu lat. Uczył się w Bydgoszczy w Państwowej Szkole Muzycznej im. Artura Rubinsteina, a potem ukończył studia na Akademii Muzycznej im. Feliksa Nowowiejskiego w klasie fortepianu.

W roku 2005 bezapelacyjnie zwyciężył w XV Międzynarodowym Konkursie Pianistycznym im. Fryderyka Chopina.

Blechacz, uczestnicząc w festiwalach i konkursach na całym świecie, zdobył także wiele innych nagród i wyróżnień – większość z nich jeszcze przed ukończeniem studiów. Zwycięstwo w Konkursie Chopinowskim, do którego przygotowywał się przez kilka lat, pozwoliło mu spełnić marzenia – występować w najbardziej prestiżowych salach koncertowych na świecie. Koncertował w Warszawie, Moskwie, Zurichu, Tokio, Amsterdamie, Londynie, Madrycie i wielu innych miejscach. Jego kalendarz jest zapełniony na dwa lata naprzód. Ma zaplanowane występy w głównych ośrodkach kulturowych Europy, Ameryki Północnej i Dalekiego Wschodu.

Blechacz wiedział, że aby stać się pianistą światowej klasy, musi najpierw zdobyć odpowiednie wykształcenie i umiejętności. Zdawał sobie sprawę, że w świecie muzyki sukces odnoszą tylko najlepsi. Dlatego też wytrwale ćwiczył i przygotowywał się do jednego z największych wyzwań, jakie może postawić przed sobą pianista – do Konkursu Chopinowskiego. Zapewne miał również plany awaryjne na wypadek, gdyby ktoś jednak okazał się lepszy. Kierowała nim ogromna miłość do muzyki i wiara we własny talent. Całe dotychczasowe życie poświęcił swojej pasji. Nie miał więc pewnie wielu wątpliwości na drodze do celu, ponieważ wiedział, że to właśnie muzyka jest sensem jego życia.

Widać też, że Blechacz potrafi skutecznie zarządzać swoją karierą i dobrze ją planuje. Ma doskonale zaprojektowaną stronę internetową, na której można znaleźć dane kontaktowe do jego przedstawicieli w Polsce i na całym niemal świecie. W jego działaniach zawodowych i kreowaniu wizerunku publicznego czuje się jasny i świadomy zamysł. Jest przykładem osoby, która wie, dokąd zmierza.

Rozdział 2

Istota planowania

Planowanie jest narzędziem formułowania i wdrażania strategicznych decyzji. Służy do ustalania dróg prowadzących do wyznaczonych celów, określa środki potrzebne do ich osiągnięcia. Punktem wyjścia jest ustalenie i postanowienie, czego się chce lub potrzebuje. Identyfikacja priorytetów i konkretyzacja zamierzeń umożliwiają skuteczny wybór działań i zasobów. Proces planowania opiera się na ciągu pytań i odpowiedzi. Trzy podstawowe pytania, które możemy sobie zadać w procesie planowania, to:
– Dokąd zmierzam ?
– W jakich warunkach działam?
– Jak się tam dostanę?
Niezbędnym narzędziem do efektywnego zarządzania własnym życiem jest wewnętrzny

dialog, czyli spojrzenie w głąb siebie, szczera, przeprowadzana w skupieniu rozmowa z samym sobą. Metoda ta, zalecana także na innych etapach procesu samodoskonalenia, pozwala uzyskać wartościowe i prawdziwe odpowiedzi na ważne pytania. Zachęcam do wygospodarowania czasu na przemyślenie, spisanie oraz poddanie gruntownej analizie tych pytań. Stanowi to punkt wyjścia do sporządzenia osobistych planów.

Zastanówmy się, co może być przyczyną braku zapału do planowania, a może nawet apatii w tym względzie. Myślę, że chodzi po prostu o brak umiejętności planowania, a także o lenistwo i opieszałość. Niestety, nikt nie rodzi się ze wykształconą zdolnością planowania; w dużej mierze nabywamy ją w procesie wychowania. Zazwyczaj wpajają nam ją rodzice i nauczyciele, gdyż to na nich spoczywa obowiązek wyposażenia nas w niezbędną wiedzę oraz obudzenie potrzeby planowania, która zaowocuje w dorosłym życiu.

Już kilkuletnie dzieci można włączać w ustalanie zajęć całej rodziny, projektowanie podziału obowiązków, rozkładu dnia czy wspólnych wyjazdów, co dobrze przygotuje je do tworzenia planów w dorosłym życiu. Jednak, jak zauważyłem, dość nagminnym nawykiem jest odkładanie spraw na potem, co może zrujnować wszelkie zamierzenia. Mam nadzieję, że przedstawione dalej sugestie pomogą wielu osobom we wprowadzeniu nowego rodzaju działania do swojego życia. Otwarcie przyznam, że sam zrobiłem z tej wiedzy dobry użytek i jestem wdzięczny za informacje, jakie znalazłem w wielu praktycznych książkach.

Rozdział 3

Perspektywy czasowe planowania

Planowanie pomaga prowadzić spokojne życie, nad którym ma się pewną kontrolę. Dlatego też możemy przygotowywać plany w różnych perspektywach czasowych. Można je sklasyfikować, biorąc pod uwagę czas ich realizacji:
- plany strategiczne obejmują okres powyżej 5 lat i pozwalają wytyczyć główne ścieżki, którymi potoczy się nasze życie;
- plany długoterminowe obejmują okres od 2 do 5 lat i dotyczą konkretnych przedsięwzięć służących realizacji nadrzędnego planu;
- plany średnioterminowe obejmują okres od kilku miesięcy do roku i dotyczą konkretnych zamierzeń, często składających się na plany długoterminowe i strategiczne;

- plany krótkoterminowe trwają do trzech miesięcy i dotyczą konkretnych zadań do wykonania;
- plany bieżące, czyli plany dziennie lub tygodniowe, dotyczą bieżących spotkań, zadań i spraw do załatwienia.

Ważne jest, by planować w każdej z wymienionych powyżej perspektyw czasowych. Plany z poszczególnych poziomów mogą zazębiać się, zaczynając od celu strategicznego, a na bieżących zajęciach kończąc. Wszystkie te działania powinny być podporządkowane Twoim nadrzędnym wartościom i priorytetom.

W dziedzinie tworzenia długoterminowych planów zaimponował mi pewien człowiek pracujący w branży reklamowej, który od kilkunastu lat zajmował się również himalaistyką. Co roku odbywał wyprawy, których celem było zdobycie kolejnych ośmiotysięczników. Planował je dokładnie z sześciomiesięcznym wyprzedzeniem, a trwały one od 4 do 6 miesięcy. W czasie przygotowań trenował, utrzymywał odpowiednią dietę i opracowywał z detalami przebieg tras. Swoją wytrwałością i determinacją wzbudził we mnie wielki podziw, zwłaszcza że w wieku 47 lat dzięki świetnej kondycji i radości życia sprawiał wrażenie, że jest młodym człowiekiem.

Pamiętajmy więc, że wszystkie nasze życiowe osiągnięcia, zarówno zawodowe, jak i osobiste, wiążą się z planowaniem w różnych perspektywach czasowych i umiejętnością złożenia tych planów w spójną całość, odpowiadającą za szczęśliwe i spełnione życie.

Rozdział 4

Etapy procesu planowania

W każdym procesie planowania dają się wyodrębnić pewne etapy.

Pierwszy to ustalenie celów. Wybieraj te, które są zgodne z Twoimi predyspozycjami, możliwościami i umiejętnościami. Nie powinny one odbiegać od Twoich naczelnych priorytetów i nadrzędnych wartości. Mają bowiem pomagać w wyborze skutecznego działania, które w jak najkrótszym czasie ma doprowadzić do osiągnięcia planowanych rezultatów. Cele możemy także ocenić pod kątem pozytywnych konsekwencji lub także utraconych korzyści na wypadek nieskuteczności jakiegoś rozwiązania.

Kolejny krok to poszukiwanie alternatywnych rozwiązań prowadzących do osiągnięcia celu.

Powinny one być opłacalne i maksymalnie wykorzystywać Twój potencjał i środki. Wybierz to rozwiązanie, które doprowadzi Cię do celu najprostszą, najmniej kosztowną, ale i zgodną z Twoimi nadrzędnymi wartościami drogą. Ważne jest, byś zastanowił się również nad ewentualnymi przeszkodami, które możesz napotkać, oraz byś ustalił odpowiednie scenariusze na tę okoliczność.

Następnie dokonaj wyboru konkretnego planu i przystąp do wprowadzania go w życie. Powinieneś obserwować i kontrolować swoje postępy, być gotowym do szybkiego reagowania, na wypadek niepowodzenia. W takiej sytuacji można sięgnąć po przygotowany wcześniej alternatywny plan B lub C.

Regularnie korzystam z tej metody – szczególnie przydała mi się, gdy próbowałem wypromować jedną ze swoich spółek w branży reklamowej. Zajmowała się ona sprzedażą oznaczeń odblaskowych na samochody ciężarowe i autobusy. Opisywana sytuacja wydarzyła się w 2003 roku. Plan A zakładał organizację dużej konferencji prasowej we współpracy z firmą 3M, z której materiałów korzystaliśmy oraz z Ministerstwem Infrastruktury. Jednak okazało się, że mimo zainwestowanych pieniędzy i dobrego przyjęcia, z jakim spotkało się to wydarzenie w mediach, nie odnotowaliśmy wzrostu zainteresowania naszym produktem. Miałem jednak plan B. Zgodnie z nim, promocją naszej działalności zajęła się wynajęta w tym celu agencja PR. Oczywiście jej wybór nie był przypadkowy. Był to oddział międzynarodowej agencji mającej już doświadczenie przy tego rodzaju projektach. Ta strategia zadziałała. Pozyskaliśmy do współpracy koncern paliwowy PKN Orlen, firmę Danone SA i największą ówcześnie firmę kurierską w kraju – Stolica SA. Doświadczenie to przekonało mnie, że warto obmyślać różne wersje rozwoju sytuacji i wprowadzać je w życie zamiast poddawania się przy pierwszym niepowodzeniu.

Wracając do planowania: na końcu całego procesu dokonaj kontroli realizacji planu. Zastanów się, czy doprowadził Cię on tam, gdzie chciałeś się znaleźć, i wyciągnij konstruktywne wnioski na przyszłość.

Rozdział 5

Planowanie scenariuszowe

Planowanie metodą scenariuszową, której istotą jest gruntowna analiza faktów, polega na budowie kilku wariantów rozwoju wydarzeń. Metodę tę stosujemy, aby właściwie przygotować odpowiednie strategie działania. Każda z nich powinna składać się z odmiennych ciągów wydarzeń wraz z różnymi prawdopodobnymi skutkami.

Metoda scenariuszowa wymaga dużego nakładu czasu i wysiłku intelektualnego oraz wzięcia pod uwagę ogromnej liczby czynników, jednak jej zastosowanie znacznie zmniejsza ryzyko wystąpienia niespodziewanych przeszkód czy wręcz porażki. Tworzone w ten sposób scenariusze powinny stanowić opis sekwencji zdarzeń prowadzących w logiczny sposób od sytuacji wyjściowej do możliwej w przyszłości. Scenariusze muszą zostać zapisane na przykład w postaci schematycznych rysunków, na których od poszczególnych wydarzeń i punktów prowadzą strzałki wskazujące ich rozmaite konsekwencje i następstwa czasowe. Warto poświęcić trochę czasu na gruntowne przygotowanie takich scenariuszy, zwłaszcza przy bardzo złożonych przedsięwzięciach.

W moim przypadku ćwiczenie tego typu zachowań nie było łatwe. Stanowiło i nadal stanowi spore wyzwanie. Ale pomaga mi świadomość, że w ten sposób ćwiczę najważniejszy „mięsień" w ludzkim ciele – mózg. To mnie uspokaja i wycisza, gdyż zyskuję w ten sposób świadomość, że mogę wpływać na własne życie.

☼

Rozdział 6

Skuteczne zarządzanie czasem

Zajmijmy się teraz bardziej praktycznymi narzędziami i zasadami pomocnymi w planowaniu i zarządzaniu czasem. Przede wszystkim poświęć czas na samo planowanie. Pamiętaj, że zadania zajmują tyle czasu, ile Ty sam przeznaczysz na ich wykonanie. Każde 15 minut dziennie poświęcone na przemyślenie zadań na dany dzień pozwoli Ci zaoszczędzić nawet dwie godziny pracy. W planowaniu kieruj się nadrzędnymi wartościami, priorytetami, wyznaczaj sobie odpowiadające im cele. Opracuj indywidualny system planowania, dobierz narzędzia potrzebne do tworzenia planu. Jedni lubią zapisywanie w kalendarzach kieszonkowych, inni preferują opasłe zeszyty oprawione w skórę, jeszcze inni najchętniej korzystają z notatnika w telefonie.

Sam musisz przetestować te metody i wybrać najlepszą dla Ciebie.

Zacznij planować już od dziś, nie czekaj na „właściwą" okazję czy moment spokoju i stabilizacji, bo mogą one nigdy nie nadejść. Nie licz też na to, że wystarczy zapisać plany, by zadziały – musisz je sam wprowadzić w życie. Weryfikuj postępy ich realizacji. Każde odchylenie to sygnał, że rozmijamy się z rzeczywistością i naszymi celami. Oznacza to, że straciliśmy panowanie nad rozwojem sytuacji i własnym życiem. Znajdź zatem czas na refleksję nad rezultatami i ich współmiernością do celów. Gdy pojawiają się przeszkody, Twoim zadaniem jest je zidentyfikować i zastosować taki wariant, który mimo wszystko doprowadzi Cię do celu. Uwzględnij w planowaniu swoje mocne i słabe strony, wady i zalety, dominujący typ inteligencji, rodzaj temperamentu oraz rytm zegara biologicznego.

Aby trzymać się priorytetów i skutecznie planować, warto poznać i zacząć stosować sposoby skutecznego zarządzania czasem i ustalania priorytetów. Poniżej przedstawię kilka takich metod: kwadrat Eisenhowera, Cztery Generacje Zarządzania Czasem oraz zasadę Pareto.

A. Kwadrat Eisenhowera

Jeśli chodzi o codzienną praktykę planowania, proponuję wyznaczać zadania na początku każdego tygodnia i każdego dnia. Można do tego wykorzystać matrycę dzielącą zadania na cztery obszary. W tym celu należy wziąć kartkę papieru i narysować na niej siatkę składającą się z czterech kwadratów. Oznaczamy je jako zadania: pilne i ważne, pilne i nieważne, niepilne i ważne oraz niepilne i nieważne. Pierwsze w kolejności wykonania powinny być zadania pilne i ważne, a następnie niepilne i ważne. Zadania pilne i ważne wymagają natychmiastowej uwagi i osobistego zaangażowania. Zadania mniej pilne, ale ważne, mogą poczekać, należy jednak pamiętać, że z czasem przerodzą się one w zadania pilne i ważne. Zastanów się, czy w przypadku rzeczy pilnych i nieważnych nie byłoby rozsądniej delegować je innym. Rozważ, czy w ogóle warto zajmować się rzeczami niepilnymi i nieważnymi.

Oto przykładowa sytuacja. W poniedziałek rano przychodzisz do pracy i okazuje się, że za godzinę masz wziąć udział w spotkaniu z jednym z kluczowych dla Twojej firmy klientów, jednocześnie wiesz, że powinieneś skończyć ważny raport dla swojego szefa. Zastanawiasz się, czym się zająć.

Czy dokończyć raport i pójść na spotkanie nieprzygotowanym, czy też odłożyć raport na później, a za to przygotować się gruntownie do ważnego spotkania. Dodatkowo asystentka zamęcza Cię prośbami o podjęcie pilnej decyzji w sprawie wystroju Twojego biura, a kolega namawia na wypełnienie ankiety dotyczącej Twojego zadowolenia z firmowej kuchni. Stosując się do zasad kwadratu Eisenhowera powinieneś w pierwszej kolejności zająć się przygotowaniem do ważnego spotkania. Jest to sprawa ważna i dodatkowo pilna. Następny w kolejności jest raport dla szefa, który jest ważny, ale niepilny. Decyzję, co do wyboru tapety do pokoju sceduj na swoją asystentkę – to sprawa wprawdzie pilna, ale mało ważna. Natomiast ankiety na temat kuchni nie wypełniaj wcale – jest to coś niepilnego i nieważnego, więc szkoda poświęcać na to czas i uwagę.

Więcej na ten istotny temat znajdziesz w książce Stephena Coveya *7 nawyków skutecznego działania* (wyd. Rebis, 2003).

B. Cztery Generacje Zarządzania Czasem

Inna koncepcja zarządzania czasem autorstwa Stephena Coveya została przedstawiona w jego książce *Najpierw rzeczy najważniejsze. Naucz się określać priorytety i skutecznie zarządzać czasem* (wyd. Rebis, 2005). Nazwano ją programem Czterech Generacji Zarządzania Czasem. Pierwszą generację reprezentuje lista zadań do wykonania. Druga to kalendarz, w którym określasz, ile czasu potrzebujesz na wykonanie danej rzeczy. Trzecia generacja to priorytetyzacja zadań, czyli decydowanie o tym, co jest ważne, a co nieistotne. Czwarta generacja to zmodyfikowane podejście do kwadratu Eisenhowera. Covey sugeruje, że najpierw należy skoncentrować się na zadaniach ważnych i niepilnych oraz wyeliminować wiele działań z pozostałych kategorii. To właśnie skupienie się na zadaniach ważnych i mniej pilnych jest kluczem do sukcesu. Dzięki temu można uniknąć przyszłych problemów, optymalnie zaplanować swój czas i skutecznie delegować zadania innym. Jest to nowatorskie podejście różniące się od klasycznych teorii na temat zarządzania czasem, gdzie zalecano, by najpierw zajmować się rzeczami ważnymi i jednocześnie pilnymi. Tutaj mamy do czynienia z innym zaleceniem. Najwyższy priorytet mają rzeczy ważne i niepilne, czyli takie, którymi warto się zająć teraz, gdy jest czas i nie doprowadzać do przeobrażenia się tych zadań w pilne.

Po raz kolejny posłużę się przykładem ze środowiska pracy. Załóżmy, że w ramach swoich obowiązków musisz przygotowywać dla szefa półroczne raporty z osiąganych przez Twój dział wyników. Zazwyczaj siadamy do pisania takiego raportu na kilka dni przed ostatecznym terminem, kiedy sprawa ta staje się ważna i dodatkowo bardzo pilna. Zdecydowanie lepszym rozwiązaniem jest przygotowanie materiałów do raportu znacznie wcześniej i pisanie go na bieżąco w wolnych chwilach, a pod koniec półrocznego terminu jedynie uzupełnienie go o ostatnie dane i podsumowania. Wtedy na pewno stworzysz go na czas, a dane w nim zawarte będą przeanalizowane znacznie bardziej rzetelnie i skrupulatnie, niż gdybyś to zrobił w ostatniej chwili.

Takie podejście pozwala zwiększyć efektywność i skuteczniej zarządzać własnym czasem, a w dłuższej perspektywie przynosi same korzyści w postaci braku konieczności „gaszenia pożarów" i nerwówki robienia czegoś w ostatniej chwili. Dzięki takiemu systemowi planowania zyskujesz poczucie, że to Ty decydujesz o swoim życiu, dyrygujesz nim i narzucasz biegowi wydarzeń własne tempo.

Doskonałym przykładem osoby stosującej tę zasadę jest moja żona. Już na studiach egzaminy zdawała jako pierwsza, wakacje poświęcała na relaks, wypoczynek, a nie na naukę, zaliczanie kolejnych przedmiotów i związany z tym stres. Jej zapał i umiejętność przewidywania rozwoju sytuacji są dla mnie budujące i inspirujące. Jeśli moja żona ma na przykład przygotować ważną umowę, rozkłada to zadanie nawet na 3-4 dni, oczywiście jeśli może sobie na to pozwolić. Wie, że jest to praca koncepcyjna, wymagająca pełnego skupienia i przymus czasowy nie jest tu mile widziany. Bardzo ją cenię za tę umiejętność ☺.

C. Zasada Pareto

Zasada Pareto pozwala wybierać priorytety oraz ułatwia organizację czasu, dzięki czemu osiągasz maksymalne wyniki w minimalnym czasie. Zgodnie z tą zasadą powinieneś skupić się na tych 20 procentach działań, które generują 80 procent efektów. Schemat leżący u podstaw tej metody został odkryty w 1897 roku przez włoskiego ekonomistę Vilfreda Pareto. W wymiarze ogólnym głosi ona, że 80 procent skutków wypływa tylko z 20 procent przyczyn. Oznacza to, że wbrew intuicji, skromniejszym nakładem środków i wysiłku można osiągnąć lepsze rezultaty. Kierując się tą regułą należy poświęcać czas na te czynności, które będą najbardziej efektywne z punktu widzenia zamierzonego celu. Resztę możesz spokojnie pominąć. W ten sposób optymalizujesz swoje działania. Żaden człowiek nie jest w stanie zrobić wszystkiego, dlatego też dobrze jest poświęcić się tym aktywnościom, które są w znacznej mierze odpowiedzialne za przyszłe wyniki.

Niestety, w praktyce często trudno rozpoznać, które czynności należą do tych 20 procent. Jednak poprzez wyrobienie w sobie analitycznego podejścia, poznawanie doświadczeń innych ludzi oraz baczną obserwację otoczenia, można z coraz większą łatwością identyfikować działania, którym warto poświęcić czas. Należy po prostu za każdym razem gruntownie i wnikliwie zastanawiać się nad ich skutkami.

A oto kilka przykładów zastosowania zasady Pareto:
1. Około 80% przychodów przedsiębiorstwa generowanych jest przez około 20% jego klientów.
2. Około 80% wartości sprzedaży firmy uzyskuje się dzięki około 20% produktów, które ta firma oferuje.
3. Około 80% wartości intelektualnej przedsiębiorstwa reprezentowanych jest przez około 20% wszystkich jego pracowników.
4. Około 80% reklamacji składanych przez klientów firmy ma swoje źródła w około 20% wszystkich przyczyn reklamacji w tej firmie.
5. Około 80% ludności danego regionu zajmuje około 20% terenów całkowitych tegoż regionu.

Wyrobienie w sobie nawyku strategicznego myślenia oraz stosowanie sprawdzonych zasad planowania jest wręcz nieocenione w codziennych zmaganiach z rzeczywistością. Oczywiście nie będzie łatwo i nie spodziewaj się, że od razu odniesiesz pełny sukces. Obiecuję jednak, że Twoja wytrwałość zostanie wynagrodzona.

Nie bój się porażek. Sam przeżyłem ich wiele, ale traktowałem je jako źródło cennych informacji do wykorzystania w przyszłości, a nie jako osobistą klęskę. Dzięki takiemu podejściu nie poddawałem się przygnębieniu. Jeśli ja mogłem to osiągnąć, nic nie stoi na przeszkodzie, by mogło się to udać i Tobie. Gdy posiądziesz umiejętność planowania, Twoje życie zmieni się w każdym szczególe zgodnie z Twoimi zamierzeniami i preferencjami.

Co możesz zapamiętać? ☺

1. Myślenie strategiczne odnosi się do osobistej sfery każdego człowieka. Oznacza kierowanie się w codziennym życiu planem uwzględniającym różne scenariusze rozwoju sytuacji.
2. Rafał Blechacz to dobry przykład człowieka posługującego się strategią.
3. Planowanie jest narzędziem formułowania i wdrażania strategicznych decyzji.
4. Planuj w różnych perspektywach czasowych.
5. Uwzględniaj poszczególne etapy procesu planowania.
6. Stosuj metodę scenariuszową.
7. Stosuj opisane zasady skutecznego planowania.
8. Naucz się zarządzać swoim czasem – wykorzystuj zasadę Pareto, kwadrat Eisenhowera oraz koncepcję Czterech Generacji Zarządzania Czasem.

Bibliografia

Albright M., Carr C., *Największe błędy menedżerów*, Warszawa 1997.
Allen B.D., Allen W.D., *Formuła 2+2. Skuteczny coaching*, Warszawa 2006.
Anderson Ch., *Za darmo: przyszłość najbardziej radykalnej z cen*, Kraków 2011.
Anthony R., *Pełna wiara w siebie*, Warszawa 2005.
Ariely D., *Zalety irracjonalności. Korzyści z postępowania wbrew logice w domu i pracy*, Wrocław 2010.
Bates W.H., *Naturalne leczenie wzroku bez okularów*, Katowice 2011.
Bettger F., *Jak umiejętnie sprzedawać i zwielokrotnić dochody*, Warszawa 1995.
Blanchard K., Johnson S., *Jednominutowy menedżer*, Konstancin-Jeziorna 1995.
Blanchard K., O'Connor M., *Zarządzanie poprzez wartości*, Warszawa 1998.
Bogacka A.W., *Zdrowie na talerzu*, Białystok 2008.
Bollier D., *Mierzyć wyżej. Historie 25 firm, które osiąg-

nęły sukces, łącząc skuteczne zarządzanie z realizacją misji społecznych, Warszawa 1999.

Bond W.J., *199 sytuacji, w których tracimy czas, i jak ich uniknąć*, Gdańsk 1995.

Bono E. de, *Dziecko w szkole kreatywnego myślenia*, Gliwice 2010.

Bono E. de, *Sześć kapeluszy myślowych*, Gliwice 2007.

Bono E. de, *Sześć ram myślowych*, Gliwice 2009.

Bono E. de, *Wodna logika. Wypłyń na szerokie wody kreatywności*, Gliwice 2011.

Bossidy L., Charan R., *Realizacja. Zasady wprowadzania planów w życie*, Warszawa 2003.

Branden N., *Sześć filarów poczucia własnej wartości*, Łódź 2010.

Branson R., *Zaryzykuj – zrób to! Lekcje życia*, Warszawa-Wesoła 2012.

Brothers J., Eagan E, *Pamięć doskonała w 10 dni*, Warszawa 2000.

Buckingham M., *To jedno, co powinieneś wiedzieć... o świetnym zarządzaniu, wybitnym przywództwie i trwałym sukcesie osobistym*, Warszawa 2006.

Buckingham M., *Wykorzystaj swoje silne strony. Użyj dźwigni swojego talentu*, Waszawa 2010

Buckingham M., Clifton D.O., *Teraz odkryj swoje silne strony*, Warszawa 2003.

Butler E., Pirie M., *Jak podwyższyć swój iloraz inteligencji?*, Gdańsk 1995.
Buzan T., *Mapy myśli*, Łódź 2008.
Buzan T., *Pamięć na zawołanie*, Łódź 1999.
Buzan T., *Podręcznik szybkiego czytania*, Łódź 2003.
Buzan T., *Potęga umysłu. Jak zyskać sprawność fizyczną i umysłową: związek umysłu i ciała*, Warszawa 2003.
Buzan T., Dottino T., Israel R., *Zwykli ludzie – liderzy. Jak maksymalnie wykorzystać kreatywność pracowników*, Warszawa 2008.
Carnegie D., *I ty możesz być liderem*, Warszawa 1995.
Carnegie D., *Jak przestać się martwić i zacząć żyć*, Warszawa 2011.
Carnegie D., *Jak zdobyć przyjaciół i zjednać sobie ludzi*, Warszawa 2011.
Carnegie D., *Po szczeblach słowa. Jak stać się doskonałym mówcą i rozmówcą*, Warszawa 2009.
Carnegie D., Crom M., Crom J.O., *Szkoła biznesu. O pozyskiwaniu klientów na zawsze*, Waszrszawa 2003
Cialdini R., *Wywieranie wpływu na ludzi*, Gdańsk 1998.
Clegg B., *Przyspieszony kurs rozwoju osobistego*, Warszawa 2002.
Cofer C.N., Appley M.H., *Motywacja: teoria i badania*, Warszawa 1972.

Cohen H., *Wszystko możesz wynegocjować. Jak osiągnąć to, co chcesz*, Warszawa 1997. r Covey S.R., 3. rozwiązanie, Poznań 2012.

Covey S.R., *7 nawyków skutecznego działania*, Poznań 2007.

Covey S.R., *8. nawyk*, Poznań 2006.

Covey S.R., Merrill A.R., Merrill R.R., *Najpierw rzeczy najważniejsze*, Warszawa 2007.

Craig M., *50 najlepszych (i najgorszych) interesów w historii biznesu*, Warszawa 2002.

Csikszentmihalyi M., *Przepływ: psychologia optymalnego doświadczenia*, Wrocław 2005

Davis R.C., Lindsmith B., *Ludzie renesansu: umysły, które ukształtowały erę nowożytną*, Poznań 2012

Davis R.D., Braun E.M., *Dar dysleksji. Dlaczego niektórzy zdolni ludzie nie umieją czytać i jak mogą się nauczyć*, Poznań 2001.

Dearlove D., *Biznes w stylu Richarda Bransona. 10 tajemnic twórcy megamarki*, Gdańsk 2009.

DeVos D., *Podstawy wolności. Wartości decydujące o sukcesie jednostek i społeczeństw*, Konstancin-Jeziorna 1998.

DeVos R.M., Conn Ch.P., *Uwierz! Credo człowieka czynu, współzałożyciela Amway Corporation, hołdującego zasadom, które uczyniły Amerykę wielką*, Warszawa 1994.

Dixit A.K., Nalebuff B.J., *Myślenie strategiczne. Jak zapewnić sobie przewagę w biznesie, polityce i życiu prywatnym*, Gliwice 2009.

Dixit A.K., Nalebuff B.J., *Sztuka strategii. Teoria gier w biznesie i życiu prywatnym*, Warszawa 2009.

Dobson J., *Jak budować poczucie wartości w swoim dziecku*, Lublin 1993.

Doskonalenie strategii (seria *Harvard Bussines Review*), praca zbiorowa, Gliwice 2006.

Dryden G., Vos J., *Rewolucja w uczeniu*, Poznań 2000.

Dyer W.W., *Kieruj swoim życiem*, Warszawa 2012.

Dyer W.W., *Pokochaj siebie*, Warszawa 2008.

Edelman R.C., Hiltabiddle T.R., Manz Ch.C., *Syndrom miłego człowieka*, Gliwice 2010.

Eichelberger W., Forthomme P., Nail F., *Quest. Twoja droga do sukcesu. Nie ma prostych recept na sukces, ale są recepty skuteczne*, Warszawa 2008.

Enkelmann N.B., *Biznes i motywacja*, Łódź 1997.

Eysenck H. i M., *Podpatrywanie umysłu. Dlaczego ludzie zachowują się tak, jak się zachowują?*, Gdańsk 1996.

Ferriss T., *4-godzinny tydzień pracy. Nie bądź płatnym niewolnikiem od 7.00 do 17.00*, Warszawa 2009.

Flexner J.T., Waschington. *Człowiek niezastąpiony*, Warszawa 1990.

Forward S., Frazier D., *Szantaż emocjonalny: jak obronić się przed manipulacją i wykorzystaniem*, Gdańsk 2011.

Frankl V.E., *Człowiek w poszukiwaniu sensu*, Warszawa 2009.
Fraser J.F., *Jak Ameryka pracuje*, Przemyśl 1910.
Freud Z., *Wstęp do psychoanalizy*, Warszawa 1994.
Fromm E., *Mieć czy być*, Poznań 2009.
Fromm E., *Niech się stanie człowiek. Z psychologii etyki*, Warszawa 2005.
Fromm E., *O sztuce miłości*, Poznań 2002.
Fromm E., *O sztuce słuchania. Terapeutyczne aspekty psychoanalizy*, Warszawa 2002.
Fromm E., *Serce człowieka. Jego niezwykła zdolność do dobra i zła*, Warszawa 2000.
Fromm E., *Ucieczka od wolności*, Warszawa 2001.
Fromm E., *Zerwać okowy iluzji*, Poznań 2000.
Galloway D., *Sztuka samodyscypliny*, Warszawa 1997.
Gardner H., *Inteligencje wielorakie – teoria w praktyce*, Poznań 2002.
Gawande A., *Potęga checklisty: jak opanować chaos i zyskać swobodę w działaniu*, Kraków 2012.
Gelb M.J., *Leonardo da Vinci odkodowany*, Poznań 2005.
Gelb M.J., Miller Caldicott S., *Myśleć jak Edison*, Poznań 2010.
Gelb M.J., *Myśleć jak geniusz*, Poznań 2004.
Gelb M.J., *Myśleć jak Leonardo da Vinci*, Poznań 2001.
Giblin L., *Umiejętność postępowania z innymi...*, Kraków 1993.

Girard J., Casemore R., *Pokonać drogę na szczyt*, Warszawa 1996.
Glass L., *Toksyczni ludzie*, Poznań 1998.
Godlewska M., *Jak pokonałam raka*, Białystok 2011.
Godwin M., *Kim jestem? 101 dróg do odkrycia siebie*, Warszawa 2001.
Goleman D., *Inteligencja emocjonalna*, Poznań 2002.
Gordon T., *Wychowywanie bez porażek szefów, liderów, przywódców*, Warszawa 1996.
Gorman T., *Droga do skutecznych działań. Motywacja*, Gliwice 2009.
Gorman T., *Droga do wzrostu zysków. Innowacja*, Gliwice 2009.
Greenberg H., Sweeney P., *Jak odnieść sukces i rozwinąć swój potencjał*, Warszawa 2007.
Habeler P., Steinbach K., *Celem jest szczyt*, Warszawa 2011.
Hamel G., Prahalad C.K., *Przewaga konkurencyjna jutra*, Warszawa 1999.
Hamlin S., *Jak mówić, żeby nas słuchali*, Poznań 2008.
Hill N., *Klucze do sukcesu*, Warszawa 1998.
Hill N., *Magiczna drabina do sukcesu*, Warszawa 2007.
Hill N., *Myśl!... i bogać się. Podręcznik człowieka interesu*, Warszawa 2012.
Hill N., *Początek wielkiej kariery*, Gliwice 2009.
Ingram D.B., Parks J.A., *Etyka dla żółtodziobów, czyli wszystko, co powinieneś wiedzieć o...*, Poznań 2003.

Jagiełło J., Zuziak W. [red.], *Człowiek wobec wartości*, Kraków 2006.
James W., *Pragmatyzm*, Warszawa 2009.
Jamruszkiewicz J., *Kurs szybkiego czytania*, Chorzów 2002.
Johnson S., *Tak czy nie. Jak podejmować dobre decyzje*, Konstancin-Jeziorna 1995.
Jones Ch., *Życie jest fascynujące*, Konstancin-Jeziorna 1993.
Kanter R.M., *Wiara w siebie. Jak zaczynają się i kończą dobre i złe passy*, Warszawa 2006.
Keller H., *Historia mojego życia*, Warszawa 1978.
Kirschner J., *Zwycięstwo bez walki. Strategie przeciw agresji*, Gliwice 2008.
Koch R., *Zasada 80/20. Lepsze efekty mniejszym nakładem sił i środków*, Konstancin--Jeziorna 1998.
Kopmeyer M.R., *Praktyczne metody osiągania sukcesu*, Warszawa 1994.
Ksenofont, *Cyrus Wielki. Sztuka zwyciężania*, Warszawa 2008.
Kuba A., Hausman J., *Dzieje samochodu*, Warszawa 1973.
Kumaniecki K., *Historia kultury starożytnej Grecji i Rzymu*, Warszawa 1964.
Lamont G., *Jak podnieść pewność siebie*, Łódź 2008.
Leigh A., Maynard M., *Lider doskonały*, Poznań 1999.
Littauer F., *Osobowość plus*, Warszawa 2007.

Loreau D., *Sztuka prostoty*, Warszawa 2009.
Lott L., Intner R., Mendenhall B., *Autoterapia dla każdego. Spróbuj w osiem tygodni zmienić swoje życie*, Warszawa 2006.
Maige Ch., Muller J.-L., *Walka z czasem. Atut strategiczny przedsiębiorstwa*, Warszawa 1995.
Mansfield P., *Jak być asertywnym*, Poznań 1994.
Martin R., *Niepokorny umysł. Poznaj klucz do myślenia zintegrowanego*, Gliwice 2009.
Maslow A., *Motywacja i osobowość*, Warszawa 2009.
Matusewicz Cz., *Wprowadzenie do psychologii*, Warszawa 2011.
Maxwell J.C., *21 cech skutecznego lidera*, Warszawa 2012.
Maxwell J.C., *Tworzyć liderów, czyli jak wprowadzać innych na drogę sukcesu*, Konstancin-Jeziorna 1997.
Maxwell J.C., *Wszyscy się komunikują, niewielu potrafi się porozumieć*, Warszawa 2011.
McCormack M.H., *O zarządzaniu*, Warszawa 1998.
McElroy K., *Jak inwestować w nieruchomości. Znajdź ukryte zyski, których większość inwestorów nie dostrzega*, Osielsko 2008.
McGee P., *Pewność siebie. Jak mała zmiana może zrobić wielką różnicę*, Gliwice 2011.
McGrath H., Edwards H., *Trudne osobowości. Jak radzić sobie ze szkodliwymi zachowaniami innych oraz własnymi*, Poznań 2010.

Mellody P., Miller A.W., Miller J.K., *Toksyczna miłość i jak się z niej wyzwolić*, Warszawa 2013.

Melody B., *Koniec współuzależnienia*, Poznań 2002.

Miller M., *Style myślenia*, Poznań 2000.

Mingotaud F., *Sprawny kierownik. Techniki osiągania sukcesów*, Warszawa 1994.

MJ DeMarco, *Fastlane milionera*, Katowice 2012.

Morgenstern J., *Jak być doskonale zorganizowanym*, Warszawa 2000.

Nay W.R., *Związek bez gniewu. Jak przerwać błędne koło kłótni, dąsów i cichych dni*, Warszawa 2011.

Nierenberg G.I., *Ekspert. Czy nim jesteś?*, Warszawa 2001.

Ogger G., *Geniusze i spekulanci, Jak rodził się kapitalizm*, Warszawa 1993.

Osho, *Księga zrozumienia. Własna droga do wolności*, Warszawa 2009.

Parkinson C.N., *Prawo pani Parkinson*, Warszawa 1970.

Peale N.V., *Entuzjazm zmienia wszystko. Jak stać się zwycięzcą*, Warszawa 1996.

Peale N.V., *Możesz, jeśli myślisz, że możesz*, Warszawa 2005.

Peale N.V., *Rozbudź w sobie twórczy potencjał*, Warszawa 1997.

Peale N.V., *Uwierz i zwyciężaj. Jak zaufać swoim myślom i poczuć pewność siebie*, Warszawa 1999.

Pietrasiński Z., *Psychologia sprawnego myślenia*, Warszawa 1959.

Pilikowski J., *Podróż w świat etyki*, Kraków 2010.

Pink D.H., *Drive*, Warszawa 2011.

Pirożyński M., *Kształcenie charakteru*, Poznań 1999.

Pismo Święte Starego i Nowego Testamentu. Biblia Tysiąclecia, Warszawa 2002.

Pismo Święte w Przekładzie Nowego Świata, 1997.

Popielski K., *Psychologia egzystencji. Wartości w życiu*, Lublin 2009.

Poznaj swoją osobowość, Bielsko-Biała 1996.

Przemieniecki J., *Psychologia jednostki. Odkoduj szyfr do swego umysłu*, Warszawa 2008.

Pszczołowski T., *Umiejętność przekonywania i dyskusji*, Gdańsk 1998.

Reiman T., *Potęga perswazyjnej komunikacji*, Gliwice 2011.

Robbins A., *Nasza moc bez granic. Skuteczna metoda osiągania życiowych sukcesów za pomocą NLP*, Konstancin-Jeziorna 2009.

Robbins A., *Obudź w sobie olbrzyma... i miej wpływ na całe swoje życie – od zaraz*, Poznań 2002.

Robbins A., *Olbrzymie kroki*, Warszawa 2001.

Robert M., *Nowe myślenie strategiczne: czyste i proste*, Warszawa 2006.

Robinson J.W., *Imperium wolności. Historia Amway Corporation*, Warszawa 1997.

Rose C., Nicholl M.J., *Ucz się szybciej, na miarę XXI wieku*, Warszawa 2003.
Rose N., *Winston Churchill. Życie pod prąd*, Warszawa 1996.
Rychter W., *Dzieje samochodu*, Warszawa 1962.
Ryżak Z., *Zarządzanie energią kluczem do sukcesu*, Warszawa 2008.
Savater F., *Etyka dla syna*, Warszawa 1996.
Schäfer B., *Droga do finansowej wolności. Pierwszy milion w ciągu siedmiu lat*, Warszawa 2011.
Schäfer B., *Zasady zwycięzców*, Warszawa 2007.
Scherman J.R., *Jak skończyć z odwlekaniem i działać skutecznie*, Warszawa 1995.
Schuller R.H., *Ciężkie czasy przemijają, bądź silny i przetrwaj je*, Warszawa 1996.
Schwalbe B., Schwalbe H., Zander E., *Rozwijanie osobowości. Jak zostać sprzedawcą doskonałym*, tom 2, Warszawa 1994.
Schwartz D.J., *Magia myślenia kategoriami sukcesu*, Konstancin-Jeziorna 1994.
Schwartz D.J., *Magia myślenia na wielką skalę. Jak zaprząc duszę i umysł do wielkich osiągnięć*, Warszawa 2008.
Scott S.K., *Notatnik milionera. Jak zwykli ludzie mogą osiągać niezwykłe sukcesy*, Warszawa 1997.
Sedlak K. [red.], *Jak poszukiwać i zjednywać najlepszych pracowników*, Kraków 1995.

Seiwert L.J., *Jak organizować czas*, Warszawa 1998.
Seligman M.E.P., *Co możesz zmienić, a czego nie możesz*, Poznań 1995.
Seligman M.E.P., *Pełnia życia*, Poznań 2011.
Seneka, *Myśli*, Kraków 1989.
Sewell C., Brown P.B., *Klient na całe życie, czyli jak przypadkowego klienta zmienić w wiernego entuzjastę naszych usług*, Warszawa 1992.
Słownik pisarzy antycznych, Warszawa 1982.
Smith A., *Umysł*, Warszawa 1989.
Spector R., *Amazon.com. Historia przedsiębiorstwa, które stworzyło nowy model biznesu*, Warszawa 2000.
Spence G., *Jak skutecznie przekonywać... wszędzie i każdego dnia*, Poznań 2001.
Sprenger R.K., *Zaufanie # 1*, Warszawa 2011.
Staff L., *Michał Anioł*, Warszawa 1990.
Stone D.C., *Podążaj za swymi marzeniami*, Konstancin-Jeziorna 1998.
Swiet J., *Kolumb*, Warszawa 1979.
Szurawski M., *Pamięć. Trening interaktywny*, Łódź 2004.
Szyszkowska M., *W poszukiwaniu sensu życia*, Warszawa 1997.
Tatarkiewicz W., *O szczęściu*, Warszawa 1979.
Tavris C., Aronson E., *Błądzą wszyscy (ale nie ja)*, Sopot--Warszawa 2008.

Tracy B., *Milionerzy z wyboru. 21 tajemnic sukcesu*, Warszawa 2002.

Tracy B., *Plan lotu. Prawdziwy sekret sukcesu*, Warszawa 2008.

Tracy B., Scheelen F.M., *Osobowość lidera*, Warszawa 2001.

Tracy B., *Sztuka zatrudniania najlepszych. 21 praktycznych i sprawdzonych technik do wykorzystania od zaraz*, Warszawa 2006.

Tracy B., *Turbostrategia. 21 skutecznych sposobów na przekształcenie firmy i szybkie zwiększenie zysków*, Warszawa 2004.

Tracy B., *Zarabiaj więcej i awansuj szybciej. 21 sposobów na przyspieszenie kariery*, Warszawa 2007.

Tracy B., *Zarządzanie czasem*, Warszawa 2008.

Tracy B., *Zjedz tę żabę. 21 metod podnoszenia wydajności w pracy i zwalczania skłonności do zwlekania*, Warszawa 2005.

Twentier J.D., *Sztuka chwalenia ludzi*, Warszawa 1998.

Urban H., *Moc pozytywnych słów*, Warszawa 2012.

Ury W., *Odchodząc od nie. Negocjowanie od konfrontacji do kooperacji*, Warszawa 2000.

Vitale J., Klucz do sekretu. *Przyciągnij do siebie wszystko, czego pragniesz*, Gliwice 2009.

Waitley D., *Być najlepszym*, Warszawa 1998.

Waitley D., *Imperium umysłu*, Konstancin-Jeziorna 1997.

Waitley D., *Podwójne zwycięstwo*, Warszawa 1996.
Waitley D., *Sukces zależy od właściwego momentu*, Warszawa 1997.
Waitley D., Tucker R.B., *Gra o sukces. Jak zwyciężać w twórczej rywalizacji*, Warszawa 1996.
Walton S., Huey J., *Sam Walton. Made in America*, Warszawa 1994.
Waterhouse J., Minors D., Waterhouse M., *Twój zegar biologiczny. Jak żyć z nim w zgodzie*, Warszawa 1993.
Wegscheider-Cruse S., *Poczucie własnej wartości. Jak pokochać siebie*, Gdańsk 2007.
Wilson P., *Idealna równowaga. Jak znaleźć czas i sposób na pełnię życia*, Warszawa 2010.
Ziglar Z., *Do zobaczenia na szczycie*, Warszawa 1995.
Ziglar Z., *Droga na szczyt*, Konstancin-Jeziorna 1995.
Ziglar Z., *Ponad szczytem*, Warszawa 1995.

O autorze

Andrzej Moszczyński od 30 lat aktywnie zajmuje się działalnością biznesową. Jego główną kompetencją jest tworzenie skutecznych strategii dla konkretnych obszarów biznesu.

W latach 90. zdobywał doświadczenie w branży reklamowej – był prezesem i założycielem dwóch spółek z o.o. Zatrudniał w nich ponad 40 osób. Spółki te były liderami w swoich branżach, głównie w reklamie zewnętrznej – tranzytowej (reklamy na tramwajach, autobusach i samochodach). W 2001 r. przejęciem pakietów kontrolnych w tych spółkach zainteresowały się dwie firmy: amerykańska spółka giełdowa działająca w ponad 30 krajach, skupiająca się na reklamie radiowej i reklamie zewnętrznej oraz największy w Europie fundusz inwestycyjny. W 2003 r. Andrzej sprzedał udziały w tych spółkach inwestorom strategicznym.

W latach 2005-2015 był prezesem i założycielem spółki, która zajmowała się kompleksową komercjalizacją liderów rynku deweloperskiego (firma w sumie sprzedała ponad 1000 mieszkań oraz 350 apartamentów hotelowych w systemie condo).

W latach 2009-2018 był akcjonariuszem strategicznym oraz przewodniczącym rady nadzorczej fabryki urządzeń okrętowych Expom SA. Spółka ta zasięgiem działania obejmuje cały świat, dostarczając urządzenia (w tym dźwigi i żurawie) dla branży morskiej. W 2018 r. sprzedał pakiet swoich akcji inwestorowi branżowemu.

W 2014 r. utworzył w USA spółkę LLC, która działa w branży wydawniczej. W ciągu 14 lat (poczynając od 2005 r.) napisał w sumie 22 kieszonkowe poradniki z dziedziny rozwoju kompetencji miękkich – obszaru, który ma między innymi znaczenie strategiczne dla budowania wartości niematerialnych i prawnych przedsiębiorstw. Poradniki napisane przez Andrzeja koncentrują się na przekazaniu wiedzy o wartościach i rozwoju osobowości – czynnikach odpowiedzialnych za prowadzenie dobrego życia, bycie spełnionym i szczęśliwym.

Andrzej zdobywał wiedzę z dziedziny budowania wartości firm oraz tworzenia skutecznych strategii przy udziale następujących instytucji: Ernst & Young, Gallup Institute, PricewaterhauseCoopers (PwC) oraz Harward Business Review. Jego kompetencje można przyrównać do pracy **stroiciela instrumentu.**

Kiedy miał 7 lat, mama zabrała go do szkoły muzycznej, aby sprawdzić, czy ma talent. Przeszedł test pozytywnie – okazało się, że może rozpocząć edukację muzyczną. Z różnych powodów to nie nastąpiło. Często jednak w jego książkach czy wykładach można usłyszeć bądź przeczytać przykłady związane ze światem muzyki.

Dlaczego można przyrównać jego kompetencje do pracy stroiciela na przykład fortepianu? Stroiciel udoskonala fortepian, aby jego dźwięk był idealny. Każdy fortepian ma swój określony potencjał mierzony jakością dźwięku – dźwięku, który urzeka i wprowadza ludzi w stan relaksu, a może nawet pozytywnego ukojenia. Podobnie jak stroiciel Andrzej udoskonala różne procesy – szczególnie te, które dotyczą relacji z innymi ludźmi. Wierzy, że ludzie posiadają mechanizm psychologiczny, który można symbolicznie przyrównać do **mentalnego żyroskopu** czy **mentalnego noktowizora**. Rola Andrzeja polega na naprawieniu bądź wprowadzeniu w ruch tych „urządzeń".

Żyroskop jest urządzeniem, które niezależnie od komplikacji pokazuje określony kierunek. Tego typu urządzenie wykorzystywane jest na statkach i w samolotach. Andrzej jest przekonany, że rozwijanie **koncentracji i wyobraźni** prowadzi do włączenia naszego mentalnego żyroskopu. Dzięki temu możemy między innymi znajdować skuteczne rozwiązania skomplikowanych wyzwań.

Noktowizor to wyjątkowe urządzenie, które umożliwia widzenie w ciemności. Jest wykorzystywane przez wojsko, służby wywiadowcze czy myśliwych. Życie Andrzeja ukierunkowane jest na badanie tematu źródeł wewnętrznej motywacji – siły skłaniającej do działania, do przejawiania inicjatywy, do podejmowania wyzwań, do wchodzenia w obszary zupełnie nieznane. Andrzej ma przekonanie, że rozwijanie **poczucia własnej wartości** prowadzi do włączenia naszego mentalnego noktowizora. Bez optymalnego poczucia własnej wartości życie jest ciężarem.

W swojej pracy Andrzej koncentruje się na procesach podnoszących jakość następujących obszarów: właściwe interpretowanie zdarzeń, wyciąganie wniosków z analizy porażek oraz sukcesów, formułowanie właściwych pytań, a także korzystanie z wyobraźni w taki sposób, aby przewidywać swoją przyszłość, co łączy się bezpośrednio z umiejętnością strategicznego myślenia. Umiejętności te pomagają rozumieć mechanizmy wywierania wpływu przez inne osoby i umożliwiają niepoddawanie się wszechobecnej indoktrynacji. Kiedy mentalny noktowizor działa poprawnie, przekazuje w odpowiednim czasie sygnały ostrzegające, że ktoś posługuje się manipulacją, aby osiągnąć swoje cele.

Andrzej posiada również doświadczenie jako prelegent, co związane jest z jego zaangażowaniem w działania społeczne. W ostatnich 30 latach był zapraszany do udziału w różnych szkoleniach i seminariach, zgromadzeniach czy kongresach – w sumie jako mówca wystąpił ponad 700 razy. Jego przemówienia i wykłady znane są z inspirujących przykładów i zachęcających pytań, które mobilizują słuchaczy do działania.

Opinie o książce

Małe dziecko przychodzi na świat bez instrukcji obsługi, o czym boleśnie przekonują się kolejne pokolenia młodych rodziców. A jednak mimo tej pozornej przeszkody ludzkość była i jest w stanie poradzić sobie z tym wyzwaniem. Jak? Młodzi rodzice szybko uczą się – głównie metodą prób i błędów – jak zaspokajać potrzeby swojego dziecka. Rodzicielstwo to ciekawa mieszanka zaufania do własnej intuicji, pomocy bliskich i odwołania do wiedzy ekspertów. To nie stały zestaw umiejętności, które ujawniają się w chwili narodzin dziecka, lecz raczej proces nabywania nowych umiejętności dostosowanych do potrzeb i rozwoju własnych pociech.

Nie inaczej jest w przypadku rozpoznania swoich talentów i wykorzystania ich w codziennym życiu. Nie są to zdolności, jakie nabywa się po przeczytaniu jednej książki lub uczestniczeniu w weekendowych warsztatach, lecz raczej droga, na którą się wchodzi świadomie i którą podąża przez resztę życia. Wybierając się w podróż, zwykle pakujemy ze sobą przewodnik i mapę, dlatego też podczas podróży do własnego wnętrza także warto sięgnąć po jakiś przewodnik. Seria książek autorstwa Andrzeja Moszczyńskiego jest właśnie takim przewodnikiem, zawierającym cenne podpowiedzi oraz techniki odkrywania i wykorzystywania swoich talentów. Autor nie stawia się w pozycji eksperta wiedzącego lepiej, co jest dla nas dobre, lecz raczej doradcy odwołującego się szeroko do filozofii, literatury, współczesnych technik doskonalenia osobowości i własnych doświadczeń. Zdecydowanymi mocnymi stronami tej serii są przykłady z życia ilustrujące prezentowane zagadnienia oraz bogata bibliografia służąca jako punkt do dalszych poszukiwań dla wszystkich zainteresowanych doskonaleniem osobowości. Uważam, że seria ta będzie pomocna dla każdego zainteresowanego świadomym życiem i rozwojem osobistym.

Ania Bogacka
Editorial Consultant and Life Coach

* * *

Na rynku książek wybór poradników jest ogromny, ale wśród tego ogromu istnieją jasne punkty, w oparciu o które można kierować swoim życiem tak, by osiągnąć spełnienie. Samorealizacja jest osiągana poprzez mądrość i świadomość. To samo sprawia, że książki Andrzeja Moszczyńskiego są tak użyteczne i podnoszące na duchu. Dzielenie się mądrością w formie przykładów wielu historycznych postaci oświetla drogę w tej kluczowej podróży. Każda z książek Andrzeja jest kompletna sama w sobie, jednak wszystkie razem stanowią zestaw narzędzi, przy pomocy których każdy z nas może ulepszyć umysł i serce, aby ostatecznie przyjąć proaktywną i współczującą postawę wobec życia. Jako osoba, która badała i edytowała wiele tekstów z filozofii i duchowości, mogę z entuzjazmem polecić tę książkę.

Lawrence E. Payne

Dodatek

Cytaty, które pomagały autorowi napisać tę książkę

Na temat rozwoju

Przeznaczeniem człowieka jest jego charakter.

Heraklit z Efezu

Osobowość kształtuje się nie poprzez piękne słowa, lecz pracą i własnym wysiłkiem.

Albert Einstein

Na temat nastawienia do życia

Jeśli jesteś nieszczęśliwy, to dlatego, że cały czas myślisz raczej o tym, czego nie masz, zamiast koncentrować się na tym, co masz w danej chwili.

Anthony de Mello

W końcu, bracia, wszystko, co jest prawdziwe, co godne, co sprawiedliwe, co czyste, co miłe, co zasługuje na uznanie: jeśli jest jakąś cnotą i czynem chwalebnym – to miejcie na myśli.

List do Filipian 4:8

Na temat szczęścia

Ludzie są na tyle szczęśliwi, na ile sobie pozwolą nimi być.

Abraham Lincoln

Więcej szczęścia jest w dawaniu aniżeli w braniu.

Dz 20:35

Na temat poczucia własnej wartości

Bez Twojego pozwolenia nikt nie może sprawić, że poczujesz się gorszy.

Eleanor Roosevelt

Na temat możliwości człowieka

Nie ma rzeczy niemożliwych, są tylko te trudniejsze do wykonania.

Henry Ford

Gdybyśmy robili wszystkie rzeczy, które jesteśmy w stanie zrobić, wprawilibyśmy się w ogromne zdumienie.

Thomas Edison

Na temat poznawania siebie

Najpierw sami tworzymy własne nawyki, potem nawyki tworzą nas.

John Dryden

Na temat wiary w siebie

Człowiek, który zyska i zachowa władzę nad sobą, dokona rzeczy największych i najtrudniejszych.

Johann Wolfgang von Goethe

Ludzie potrafią, gdy sądzą, że potrafią.

Wergiliusz

Na temat wnikliwości

Prawdę należy mówić tylko temu, kto chce jej słuchać.

Seneka Starszy

Język mądrych jest lekarstwem.

Księga Przysłów 12:18

Na temat wytrwałości

Nic na świecie nie zastąpi wytrwałości. Nie zastąpi jej talent – nie ma nic powszechniejszego niż ludzie utalentowani, którzy nie odnoszą sukcesów. Nie uczyni niczego sam geniusz – nienagradzany geniusz to już prawie przysłowie. Nie uczyni niczego też samo wykształcenie – świat jest pełen ludzi wykształconych, o których zapomniano. Tylko wytrwałość i determinacja są wszechmocne.

John Calvin Coolidge

Możemy zrealizować każde zamierzenie, jeśli potrafimy trwać w nim wystarczająco długo.

Helen Keller

Tak samo, jak pojedynczy krok nie tworzy ścieżki na ziemi, tak pojedyncza myśl nie stworzy ścieżki w Twoim umyśle. Prawdziwa ścieżka powstaje, gdy chodzimy po niej wielokrotnie. Aby stworzyć głęboką ścieżkę mentalną, potrzebne jest wielokrotne powtarzanie myśli, które mają zdominować nasze życie.

Napoleon Bonaparte

Na temat entuzjazmu

Tylko przykład jest zaraźliwy.

Lope de Vega

Na temat odwagi

Życie albo jest śmiałą przygodą, albo nie jest życiem. Nie lękać się zmian, a w obliczu kapryśności losu zachowywać hart ducha – oto siła nie do pokonania.

Helen Keller

Silny jest ten, kto potrafi przezwyciężyć swe szkodliwe przyzwyczajenia.

Benjamin Franklin

Życie jest przygodą dla odważnych albo niczym.

Helen Keller

Na temat realizmu

Kto z was, chcąc zbudować wieżę, nie usiądzie wpierw i nie obliczy wydatków, czy ma na jej wykończenie.

Ew. Łukasza 14:28

Pesymista szuka przeciwności w każdej okazji, optymista widzi okazje w każdej przeciwności.

Winston Churchill

Dajcie mi odpowiednio długą dźwignię i wystarczająco mocną podporę, a sam poruszę cały glob.

Archimedes

OFERTA WYDAWNICZA
Andrew Moszczynski Group sp. z o.o.

www.ingramcontent.com/pod-product-compliance
Lightning Source LLC
LaVergne TN
LVHW090037080526
838202LV00046B/3850